Decoupage Scrapbooking Collectible Papercraft Ephemera Sampler To Cut And Collage

This Boho Vintage Sampler Set
Includes Images Of:

Luscious Flowers
Lovely Ladies
Wallpaper Backgrounds
Vintage Birds
Boho Butterflies
Atlas Maps
Sheet Music
Script Ephemera
Postcards & Stamps

14 sheets / 28 Pages - 8x11 inch
Images are spread at 4 to 8 per page

All Rights Reserved 2020
Hele...   ...ions
ISBN: 9798588413800

TOILERIE EN TOUS GENRES
LINGE DE TABLE, CALICOTS
ET MOUCHOIRS

Lyon, le 20 Dbre 1889

Madame Clavel

Dt

à **FAIDY FRÈRES**, Place St. Nizier, 2, *les articles suivants payables dans Lyon comptant sans escompte*

Nᵒˢ	Mètres		Prix	Montant
48247	6 50	Batonné écrue 9/3	60	3 90
47771	3 "	D° bleue	1 20	3 60
47697	6 "	Shirting 5/4	95	5 70
48310	9 50	D° "	1 "	9 50
47884	1 Dne	Torch encadré rouge		7 50
48339	1 Dne	" Coton croisé		5 50
47736	½	Corset Crème encad 12		6 "
				41 20
48016	4 50	... Rouge 2 "		9 "
44518	5 "	2/3	1 70	8 50
47116	5 "		1 25	1 25
				59 95

COMPTOIR DES CONFECTIONS

... DRAP demi-saison, pure laine, toutes tailles, d'une valeur de 29 fr., à ... 7 90
...CTIONS de belle noire, très belle qualité, diffé-rents modèles de l'été dernier, ayant coûté 75 fr., réduits à ... 9 75
... cachemire et sicilienne, ayant coûté de 70 à 130 francs, réduits à ... 19 50
...NS toile, pour hommes, toutes tailles, d'une valeur de 7 fr., réduits à ... 5 15

CHALES

...S CARRÉS brodés, des Indes, d'une valeur de 43 francs, réduits à ... 9 75
...S DES INDES longs, rayés et carrés, brodés soie, d'une valeur de 100 fr., réduits à ... 59

...des CHALES DES INDES, qui comprend 500,000 fr...res, à subi, d'après l'inventaire des experts, un rabais...Avis aux dames qui désireraient s'offrir des Cache-...à bon marché.

...FFES POUR AMEUBLEMENTS

... d'Alsace, grand teint, d'une valeur de fr. 2-45 le mètre, réduits à ... » 70
...s riches, prête à être posée, d'une valeur de 29 fr. le mètre, réduits à ... 10 75
...OQUETTE à fr. 7.75 le mètre, d'une valeur de 9 fr. réduits à ... 4 90
...TES à la pièce, de 3m75 de long sur 2m80 de 25 large, réduit de 30 à 42 fr. réduit à ... 25

AMEUBLEMENTS

À MANGER vieux chêne, composée de : 1 buffet (2 corps), 1 table à patins et 6 chaises d'une valeur de 575 francs, à ... 525
...S A COUCHER en palissandre et palissandre thuya, composée de : 1 lit complet, 1 armoire à glace, 1 table de nuit vide de 250 francs, à ... 425

COSTUMES D'E...

Un lot de ROBES D'ENFANTS de t...
Un lot de CORSETS coutil blanc ou ...derie, d'une val...

TO...

Un lot de DRAPS DE MAITRES toile croisée, largeur 2m40, lon-gueur 3m20, sans couture, d'une valeur de 20 fr. le drap, réduits à ... 10 75
Un lot de DRAPS DE DOMESTIQUES largeur 1m60, longueur 2m75, d'une valeur de 8 fr. le drap, réduits à ... 5 90
Un lot de SERVIETTES œil-de-perdrix, avec frange, longueur 2m60, largeur 0m62, d'une valeur de 15 fr. la dou-zaine, réduits à ... 9 90
Un lot de MOUCHOIRS DE BATISTE carrés à jours, avec une riche initiale, d'une valeur de 3 fr. 25 le mouchoir, réduits à ... » 75

COMPTOIRS DE RIDEAUX

5 lots de PETITS RIDEAUX BRODÉS hauteur 2 mètres 50 cen-times.
1° D'une valeur de 3 fr. 25 le rideau, réduits à ... 1 45
2° D'une valeur de 5 fr. le rideau, réduit à ... 2 45
3° D'une valeur de 11 fr. le rideau, - mousseline ou tulle brodés, - réduits à ... 3 25
4° D'une valeur de 16 fr. le rideau, - mousseline ou tulle brodés, - réduits à ... 5 75
5° D'une valeur de 22 fr. le rideau, - mousseline ou tulle brodés et applications, - réduits à ... 12 75

DRAPERIE

Un lot de COUTIL & TOILE NATIONALE pour vêtements d'hom-mes, - ayant valu 1 fr. 95 le mètre, réduits à ... » 75
Un lot de FLANELLE POUR CHEMISES d'une valeur de 2 fr. 90, réduits à ... 1 45

BONNETERIE, OMBRELLES

GANTS...
Un lot de GANTS...
MERC...
Un lot de 10,000...
Un lot de 10,000...
Un lot de 10,000...
Un lot de 25,000...
Un lot de 10,000...
Un lot de 10,000...

Un lot de BOTTE...
Un lot de PANTO...

...urs, M. le baron d'Ogi-Sart, de Tournai, ont le premier a eu la le second est quitte jambe. immédiatement diri-Ath.

...té sur le coup ; on a tête dans le charbon r est hors... at... uis la... jusqu'aux ... le malheureux n'est les... à... seconde... à... est épou... aver. ...été fort... ...glaises ou peu ...une d'elles a été ...lasse, qui se trouvait à complètement sauvé. ...ministration des che-fils y étaient installés gnure. ...a été signalé, les se-avec une louable ef-ef de station — a fait ...reuses circonstances, ...ng-froid remarquables, ...ure, et grâce à ses or-

que ce pays, pris dans son ensemble, est un pays essentiellement stable et conserva-teur, qui a la mauvaise fortune d'être in-cessamment agité et troublé par ses gou-vernements. Aujourd'hui, le gouvernement réel repose entre les mains de la majorité républicaine et parlementaire ; elle n'a garde de manquer à la vocation qui a en-traîné depuis quatre-vingts ans chez nous à peu près tous les gouvernements ; elle agite donc un pays tranquille ; elle im-pose bénévolement et de propos délibéré une direction excessive, intolérante et fié-vreuse à une nation absolument calme qui ne demandait que le repos, la certitude du lendemain, l'harmonie, le silence, une mar-che progressive, mais lente et mesurée.

Considérez, je vous prie, la situation gé-nérale de l'opinion au lendemain du 5 jan-vier ; on s'est réjoui de sa placidité, de son sang-froid, de sa modération ; rien de plus juste, en somme. Huit fois sur dix, les élec-tions avaient été gouvernées par cette idée qu'il était nécessaire d'enlever tout prétexte aux tiraillements intérieurs dans la région gouvernementale, qu'il était rassurant de faire régner une...

les divers pouvo... générale du gou... faisante, avant la...nombre des Fr...

...t au aux ...series des faiseurs de poli-...lique.

Ces réflexions peuvent, au premier abord, sembler étrangères aux questions finan-cières auxquelles les lettres se rapportent ; il est cependant à peu près indispensable d'y recourir et d'en tenir compte si l'on veut s'expliquer l'effet médiocre, l'influence minime et circonscrite que le désarroi de notre politique a eu jusqu'ici sur les af-faires proprement dites. Il est manifeste que la masse des intérêts se considère à présent comme plus résistante et plus forte que la politique. Les intérêts qui jadis pre-naient l'alarme au moindre embarras gou-vernemental ; qui suivaient avec anxiété les modifications ministérielles et les change-ments de personnes, en sont arrivés, peu à peu, à une sorte de méprisant dédain sur tous ces sujets. Quel que soit le gouverne-ment, si médiocre et si imprévus que pa-raissent ses représentants, il faudra bien toujours, se disent-ils, que la machine administrative fonctionne régulièrement ; qu'on paie la rente, les bons du Trésor et les subventions votées aux chemins de fer. Le nom du gouverneur de la Banque est in-signifiant, sauf pour l'heureux mortel qui réussit à s'installer dans cet opulent canoni-cat, — on met en avant aujourd'hui M. Dé-normandie, — ce qui importe, c'est la Banque elle-même, c'est l'institution, c'est la gigantesque machine. Or, à cela, les faiseurs de politique ne sont pas de force à toucher, par la raison que d'innombra-bles intérêts y sont attachés et que cette ruine écraserait ceux qui s'y risqueraient.

J'indique les raisons de cet optimisme, je ne les accepte pas toutes, il est exagéré ; l'incapacité gouvernementale finirait par apporter aux affaires, elles-mêmes, des torts considérables.

Quoiqu'il en soit, l'optimisme du monde des affaires n'est pas encore entamé ; voyez la cote des valeurs, les variations en sont insignifiantes, on ne monte plus, il est vrai, et la hausse est présentement à peu près impossible, mais on ne baisse que d'une manière insensible : le 5 p. c. est à 113-20, le 3 p. c. à 76-40. Quelle meilleure preuve d'optimisme au milieu du ramage politique qui nous enveloppe ?

Le Crédit foncier cependant continue à baisser ; il a été soutenu précédemment par les achats opérés en vue de l'assemblée générale du mois d'avril ; aujourd'hui ces achats sont complets, on revient à une ap-préciation exacte de cette valeur et l'on calcule qu'elle est encore trop élevée étant donnés le revenu actuel et les probabilités du revenu futur. Au reste, d'ici cette assem-blée, il est plus que probable que d'impor-tantes modifications auront eu lieu dans le haut personnel de cette institution de crédit.

En résumé, malgré la confiance que le monde des affaires affiche relativement à la crise politique, il est très raisonnable d'attendre quelques jours avant d'émettre des prévisions sur les résultats qui en pro-viendront pour les affaires elles-mêmes. J'attendrai donc, en renouvelant ma re-marque, qui sera aussi ma conclusion d'au-jourd'hui : à savoir que la société française, au point de vue de la production et du tra-vail, ne demande absolument qu'une chose, à ne point être troublée et dérangée par son gouvernement. Les principes d'activité et les éléments de richesse abondent ; on ne...

de confiance, s... Chambre, que ... que relative au ...ment défiale, M. Fréminel... M. de Sonni... que la Chamb... du ministère. Si... ques à adresse... gramme, une s... tion, c'est cel... l'ordre judicia... des différents c... cé, l'instruct... Après la vict... avait conçu le ... gage d'une ... une administra... monie avec leu... qui, sous l'... avaient tenu l... impertinence ... Ce vœu n'... comme aujour... Nos ennemis s... s'aventurer ... pendant la lut... vrait, après ... tion. Nous lui ... le jour de l'éc... fait honneur ... du corps élec... cains modérés ... quels on pen... n'aura pas ob... Après avoir ... au point de ... prendre. M. ... dant trois ans ... dans ce sens ... sont demeurée ... sentants du c... régime condas... ces derniers, ... manifeste lon-... tant. Aux clu... tions serait ce... tère à titre p... l'attente du b... Ceux qui par... d'un cabinet d... pirations de ... ponsabilité of... cain. Il ne f... vagues et m... déclaré nette... l'avenir, qu'... qu'il a suivie ... doit lui refuse... M. Corentin ... à peu près b... nettement dan... Après ces c... sumé la discu... le sentiment ... la déclaration... Toutefois, il ... dans la réunio... qui doit avoir... soutenue par ... politique du m... médité et long... tion ; qu'il y a... manque d'éga... qu'il modifie c... sations de trib... n'a soumis au... près d'avoir ... conforme à la ... au ministère ... Déclaration. ... D'un autre ... porte n'était ... ministère, ce... peut-être par... tion du pers...

If Love can teach us to
I think as well affecti...
But tho these passions...
To fill me with poetic...
Were I to give it vent
This truth would but t...
That I by them was w...
Of nature to my Sta...

19 Aug. 99.

1. *Berberis Darwinii*
2. *Escallonia macrantha*

1. *Mandevillia Suaveolens.* 2. *Gaylufsacia Beudovaccineum.*

1. *Oxalis elegans.* 2. *Begonia cinnabarina.*

1. FRANCISCEA POHLIANA.   2. TROPÆOLUM BRICKWOODII.

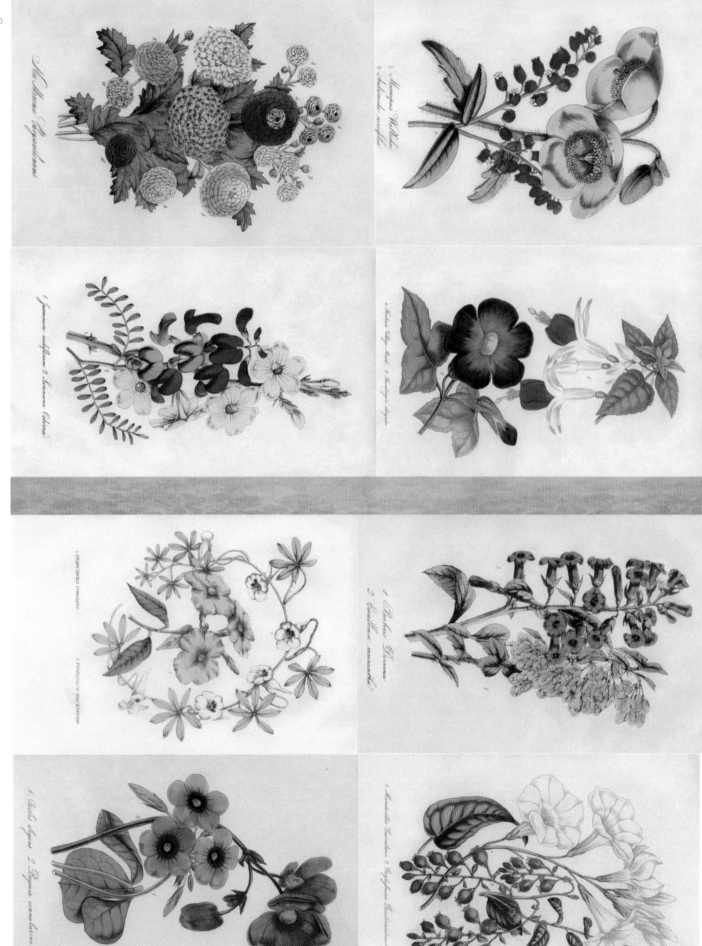

TO MY VALENTINE

CHICORÉE
ARLATTE & CIE
CAMBRAI

MOISSONNEUSE

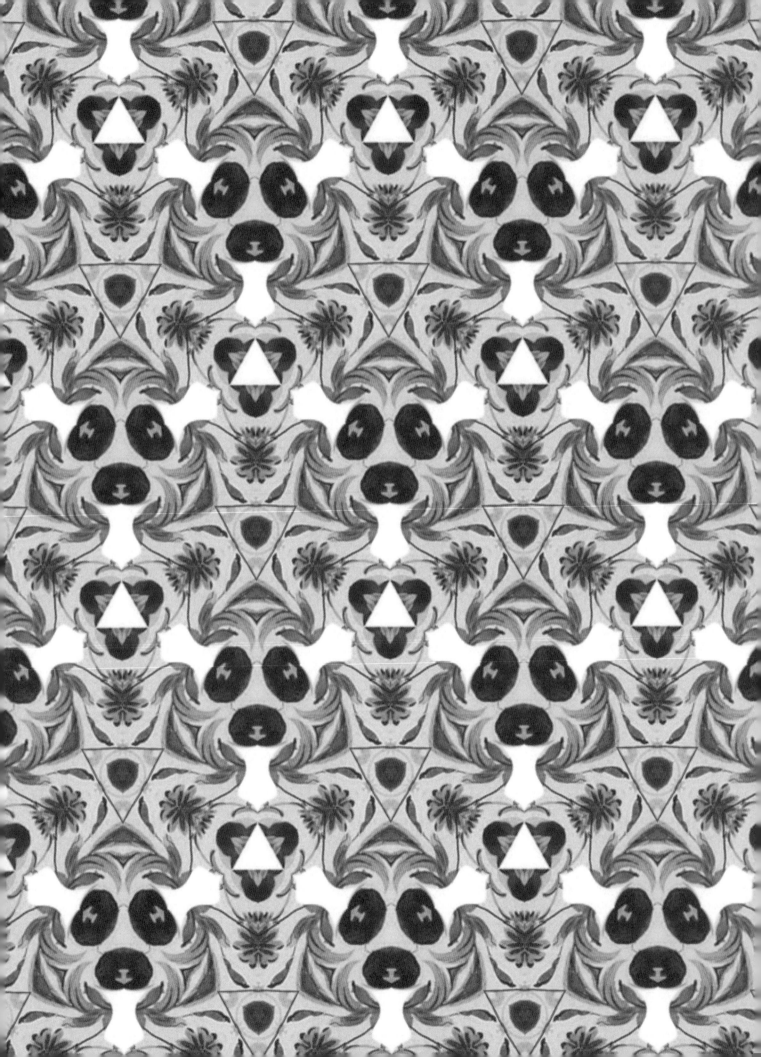

LXXX.

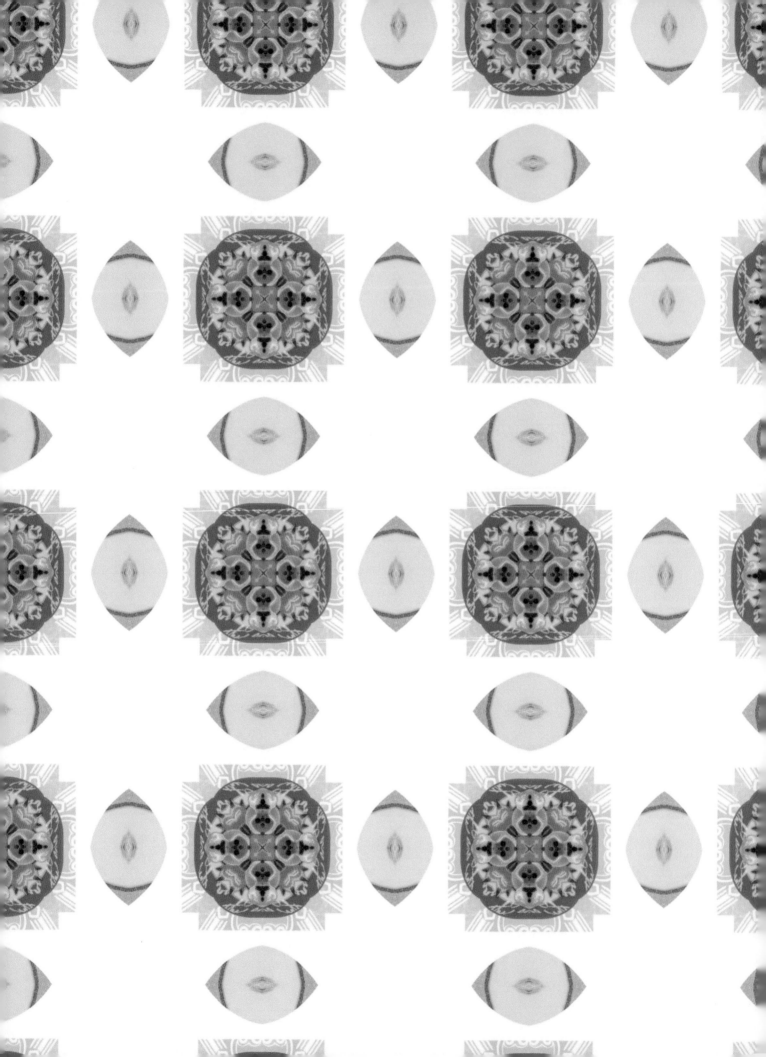

FRANCE SOUTHERN SECTION

GROSSBRITANNIEN
UND
IRLAND.
Maßstab 1:4500000

Bibliographisches Institut in Leipzig.

NORTHERN REGIONS

SEP:
TENTRIO:
NALIVM
Terrarum de:
scriptio.
By
Gerardum Mercatorem,
Cum Priuilegio

WESTERN HEMISPHERE.

LA FRANCE
SOMME

LA FRANCE
TARN
et
GARONNE

FRANCE SOUTHERN SECTION

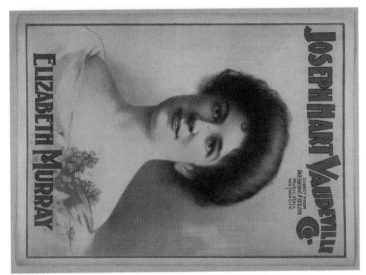

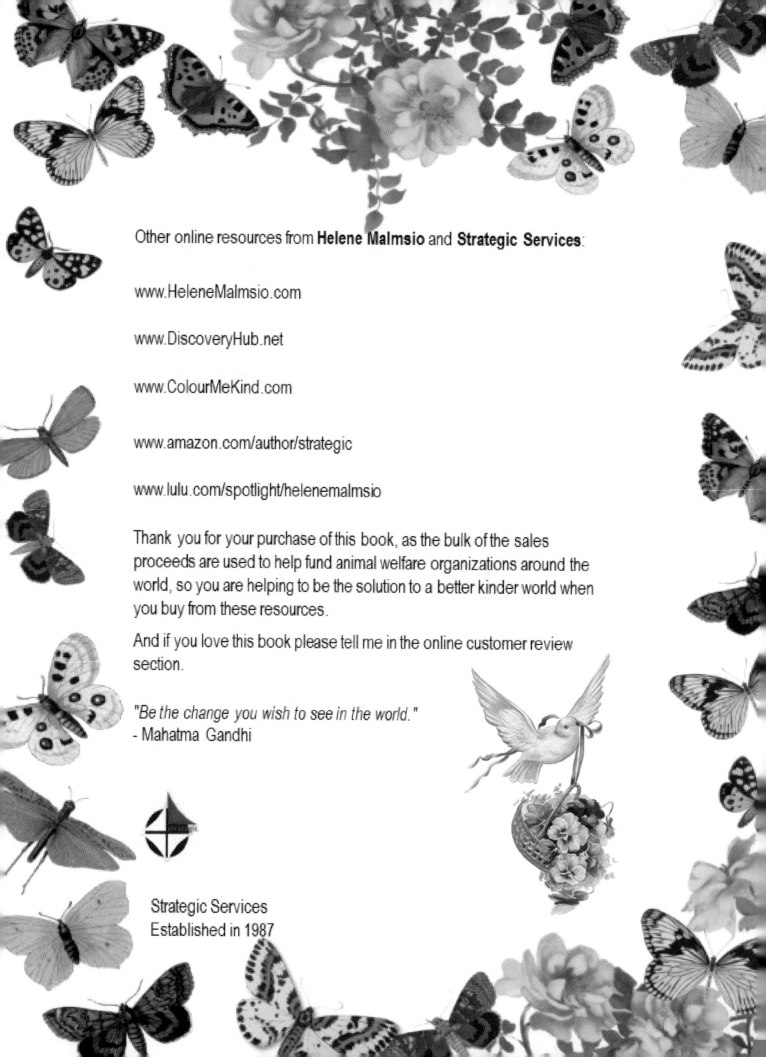

Other online resources from **Helene Malmsio** and **Strategic Services**:

www.HeleneMalmsio.com

www.DiscoveryHub.net

www.ColourMeKind.com

www.amazon.com/author/strategic

www.lulu.com/spotlight/helenemalmsio

Thank you for your purchase of this book, as the bulk of the sales proceeds are used to help fund animal welfare organizations around the world, so you are helping to be the solution to a better kinder world when you buy from these resources.

And if you love this book please tell me in the online customer review section.

"Be the change you wish to see in the world."
- Mahatma Gandhi

Strategic Services
Established in 1987

Printed in Great Britain
by Amazon